NIKOLA KUCHARSKA

¿CÓMO FUNCIONA?
ANIMALES

TRADUCCIÓN DEL POLACO: KAROLINA JASZECKA

Pepito, el hámster. Es la mascota de Lucas. Mi hermano tiene varios hámsteres, pero este es su favorito.

Nena, el loro del abuelo.

Wolfgang, Amadeus y Mozart, mis tres ratas.

Speedy, la tortuga. Es de Lucas y mía.

Me llamo Ignacio y soy el abuelo de Clara y Lucas. A mis nietos les fascinan los animales, por lo que intento hablarles mucho sobre ellos. ¡Hacen interminables preguntas porque saben que juntos siempre encontramos las respuestas!
En mi tiempo libre hago crucigramas, juego al solitario y me zampo los bollos con mermelada que hace la abuela.

Me llamo Clara y me encantan los animales. Cuando sea mayor, me gustaría cuidarlos, pero aún no sé exactamente cómo. Mi abuelo me ayuda a tomar las decisiones adecuadas y me cuenta muchas cosas, porque mi abuelo es el más inteligente del mundo. ¡Creo que lo sabe todo sobre todo!

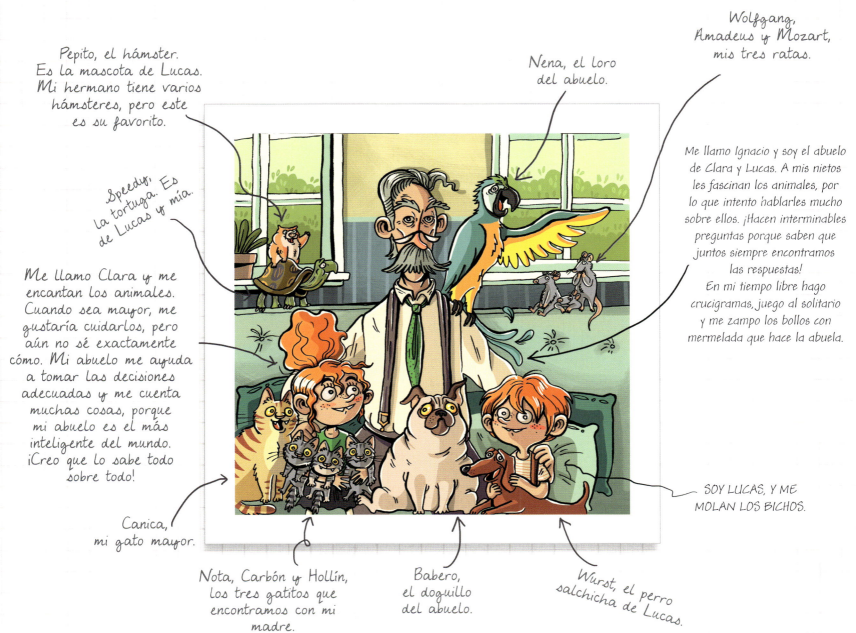

Canica, mi gato mayor.

SOY LUCAS, Y ME MOLAN LOS BICHOS.

Nota, Carbón y Hollín, los tres gatitos que encontramos con mi madre.

Babero, el doguillo del abuelo.

Wurst, el perro salchicha de Lucas.

laGalera

LA RATA

DIENTES
Crecen de 2 a 3 milímetros por día, por eso tienen que limarlos con alimentos duros. Su mordida es muy fuerte y el esmalte dental más duro que algunos metales. Las ratas son capaces roer con sus incisivos la madera, el plástico y algunos dicen que incluso una pared de hormigón.

CEREBRO
El neocórtex cerebral bien desarrollado es el responsable de su capacidad de cooperar en grupo, asociarse y recordar. Las ratas reaccionan al nombre y obedecen órdenes.

COLUMNA VERTEBRAL FLEXIBLE
Gracias a su flexibilidad, las ratas pueden saltar desde una altura de 5 metros sin lesionarse y pasar por un agujero de 16 milímetros del diámetro.

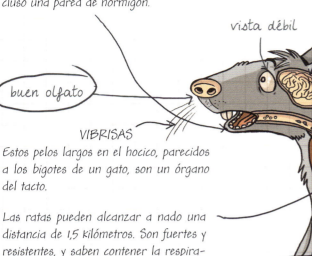

vista débil

buen oído

buen olfato

♡ amor al baño (se lavan muchas veces al día)

susceptibilidad a los cazadores de ratas ♫ ♪

Una pareja de ratas es capaz de tener más de 50 crías al año, por dos razones: la gran cantidad de individuos que nacen en cada camada y la capacidad de las hembras de quedarse preñadas con mucha frecuencia. Pueden tener crías a partir de las 6 semanas de vida. En una camada nacen alrededor de 10 crías, pero algunas hembras plusmarquistas pueden dar a luz hasta 20 ratitas. La gestación dura un máximo de 21 días. Una rata puede quedar preñada otra vez 36 horas después de haber parido.

VIBRISAS
Estos pelos largos en el hocico, parecidos a los bigotes de un gato, son un órgano del tacto.

Las ratas pueden alcanzar a nado una distancia de 1,5 kilómetros. Son fuertes y resistentes, y saben contener la respiración hasta por 4 minutos.

Su alimento principal son los cereales y las frutas, pero a falta de estos, comen todo lo que encuentran.

Son capaces de escalar superficies verticales gracias a sus pies fuertes y prensiles, armados con garras afiladas.

pies prensiles.

extremidades delanteras muy sensibles

COLA

el síndrome de la cola prensil (de las crías)

un termómetro en la cola

COLA
Larga, sin pelos. Es un órgano termorregulador, pues contiene muchos vasos sanguíneos que se estrechan (cuando la rata quiere calentarse) o se expanden (cuando tiene demasiado calor).

LA TORTUGA DOMÉSTICA

CEREBRO
Aquí está su centro de termorregulación. La temperatura corporal de las tortugas depende de la temperatura ambiente. Se mueven de áreas más frías a otras más cálidas para mantenerla estable.

CAPARAZÓN
Es una placa dura que recubre y protege el cuerpo de las tortugas. Está unido a las costillas del animal, por lo que es imposible separar una tortuga de su caparazón.

Las tortugas domésticas hibernan enterradas en el fondo de los tanques de agua.

Las tortugas toman el sol en una pose característica: con el cuello alargado.

PICO PUNTIAGUDO
Las tortugas no tienen dientes, solamente un pico que liman con alimentos de dura consistencia. Está compuesto por una membrana muy dura y unas mandíbulas muy fuertes.

Las tortugas que solemos tener en casa son terrestres o acuáticas. En las tiendas de mascotas se venden dos subespecies: el galápago de Florida y la tortuga de Cumberland. Ambas están estrechamente relacionadas con el galápago europeo, que vive en libertad en España. Debido a que los individuos que se escaparon o fueron abandonados se adaptan fácilmente al medioambiente europeo, la especie está sujeta a registro.

espaldar (la parte dorsal del caparazón)

oído débil

el velocímetro

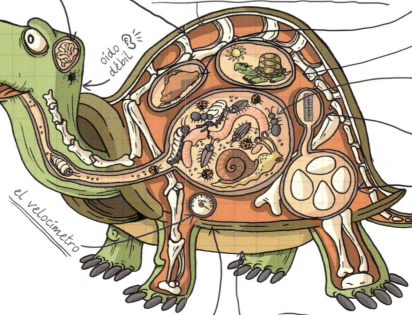

son carnívoras: comen insectos, peces, caracoles de concha, lombrices de tierra y cangrejos

La temperatura de los huevos determina el sexo de la tortuga.

HUEVOS
Las tortugas son ovíparas. Ponen de 4 a 23 huevos en un hueco humedecido con su orina. La hembra hace un nido cerca del agua, y los padres tortuga no se preocupan por su prole. Las crías que nacen de los huevos tienen que sobrevivir por sí mismas.

el galápago de Florida

la tortuga de Cumberland

el galápago europeo

El proverbial «ritmo de tortuga» es un mito. En tierra, las tortugas se mueven muy rápido.

el plastrón (la parte ventral del caparazón)

EL HÁMSTER

El hámster enano de Roborovski mide solo 5 cm, a diferencia del hámster vulgar, que puede alcanzar hasta 34 cm de largo.

son roedores herbívoros y comen grano, partes verdes de plantas, frutas y heno

empujan la comida de sus bolsas con las mejillas con las patas delanteras

Sufren caries porque la comida se les queda en los espacios entre los molares.

el síndrome del dormilón

Los hámsteres domésticos no necesitan buscar comida muy lejos, por eso duermen mucho: el 75 por ciento de sus vidas, unas 16 horas al día. Son activos durante la noche.

BOLSAS EN LAS MEJILLAS
Sirven para almacenar la comida y pueden llegar hasta las caderas del animal.

Un hámster enfadado cae sobre su espalda y chilla fuertemente.

ESTÓMAGO
Dividido en dos cámaras. En la primera ocurre la fermentación de los alimentos y, en la segunda, la propia digestión. Se debe a que el alimento vegetal consumido por el animal es más difícil de digerir.

Los hámsters domésticos pueden correr en una noria alrededor de 7 kilómetros al día, lo que equivale al recorrido que harían en la naturaleza en busca de comida y huyendo de los depredadores.

PATAS DELANTERAS
Tienen 4 dedos (el pulgar es rudimentario) que les facilitan escarbar el suelo y agarrar hábilmente la comida.

GLÁNDULAS EN LOS COSTADOS
Localizadas a ambos lados del cuerpo, desprenden un olor para marcar el territorio.

EL GUACAMAYO AMARILLO AZULADO

PICO
Sirve para romper las nueces más duras. Es fuerte y prensil, casi como una tercera extremidad: los loros se mueven usando el pico y las patas de manera alterna.

Los guacamayos son muy inteligentes y aprenden rápidamente. Su neocórtex cerebral controla la memoria, por eso recuerdan, por ejemplo, dónde hay nueces en el bosque.

Estas aves son muy ruidosas. En la naturaleza, no se ven bien las unas a las otras entre las densas copas de los árboles, y por eso necesitan chillar fuerte para convocar a los miembros de la bandada.

vuelo majestuoso

capacidad de imitar la voz humana

son exigentes a la hora de elegir pareja

CARA
Alrededor de los ojos su piel es blanca y casi desnuda, con tres hileras de plumas negras que se erizan cuando el ave se excita o estresa. No hay dos individuos que tengan el mismo patrón de plumas negras. Se pueden comparar con nuestras huellas dactilares.

PLUMAJE
Reconocen a otros individuos de su especie por su color. Gracias a sus colores brillantes, se encuentran entre las densas copas de los árboles.

Se alimentan de frutas, hojas, nueces, semillas y brotes. En estado natural comen 20 especies de plantas, algunas de las cuales se consideran venenosas. Para minimizar los efectos del envenenamiento, comen arcilla que encuentran en las orillas de los ríos.

miden 95 cm

viven unos 50 años

HUEVOS
Los ponen en los huecos de árboles. Los polluelos nacen desplumados y ciegos. Los guacamayos son padres cariñosos, alimentan a sus crías con alimentos digeridos y regurgitados. La mayoría de las aves que anidan alimentan a sus crías de esta manera.

PATAS
Tienen dedos opuestos, dos apuntando hacia delante y dos apuntando hacia atrás. Son prensiles, lo que les facilita moverse y comer fruta.

Los guacamayos son aves gregarias, viven en manadas de hasta 25 individuos.

comunicación en el grupo mediante los movimientos del cuerpo y el levantamiento de plumas de la cola

EL PERRO

La cola levantada demuestra que el perro se siente bien.

La cola recogida significa que el perro tiene miedo.

HOCICO

Permite identificar al animal, pues es distintivo e individual como nuestras huellas dactilares. La nariz seca no significa que el perro esté enfermo, si bien la humedad influye en el sentido del olfato, que en el caso de un perro jadeante con la nariz seca es dos veces más débil de lo normal.

OLFATO

Es cuatro veces mejor que el del humano. En la nariz canina hay unos 200 millones de receptores olfativos que les permiten rastrear a otros animales, trabajar en la policía, buscar personas desaparecidas o detectar enfermedades cancerígenas. Gracias a su olfato, pueden incluso adivinar el estado de ánimo de su amo, porque huelen el cambio en los niveles hormonales.

VISTA

Los perros son daltónicos, pero pueden ver bien en la oscuridad. Sus ojos tienen más células encargadas de recibir la luz que colores.

Sueñan como los humanos y también entran en la fase REM. Mientras duermen, mueven las patas, ladran y gimen, lo que significa que están soñando.

DIENTES

Los perros tienen incisivos, dientes que cortan y desgarran los alimentos. Funcionan como tijeras de podar.

JADEO

Les permite refrescarse, ya que no sudan como los humanos.

Un perro, como una persona, puede ser diestro o zurdo.

mecanismo de Ladrido

depósito de saliva

centro de traer el palo o la pelota

mecanismo de menear la cola

aroma listo para esparcir

centro de marcación de la propiedad

síndrome de enterrar los huesos

patas cavadoras

COLA

Menearla le permite al perro esparcir en el área en que se encuentra un olor característico que secretan sus glándulas anales, marcando así el territorio y señalando su presencia. Menear la cola no siempre significa que el perro tenga intenciones amigables.

impulso de los revolcarse en los charcos y el lodo

corazón - centro de la fidelidad y afecto

intolerancia al chocolate (es venenoso para los perros)

amor por los bípedos

Ⓒ centro de simpatía y antipatía hacia otros perros

centro de la evaluación de los alimentos

impulso de morder los zapatos

bostezar no significa aburrimiento, sino alegría y confort

ÑAM

GLÁNDULAS SUDORÍPARAS

Ubicadas solo en las almohadillas de las patas. Los perros, cuando están muy cansados, dejan huellas húmedas en el suelo.

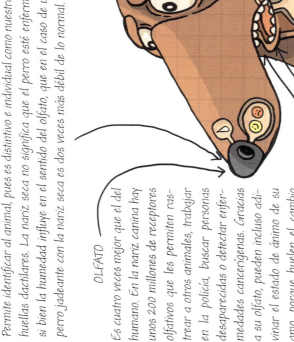

El perro más alto del mundo es de la raza gran danés. Zeus, el ejemplar más grande según el libro de los récord Guinness.

Mini, el chihuahua más pequeño, mide 9,65 centímetros.

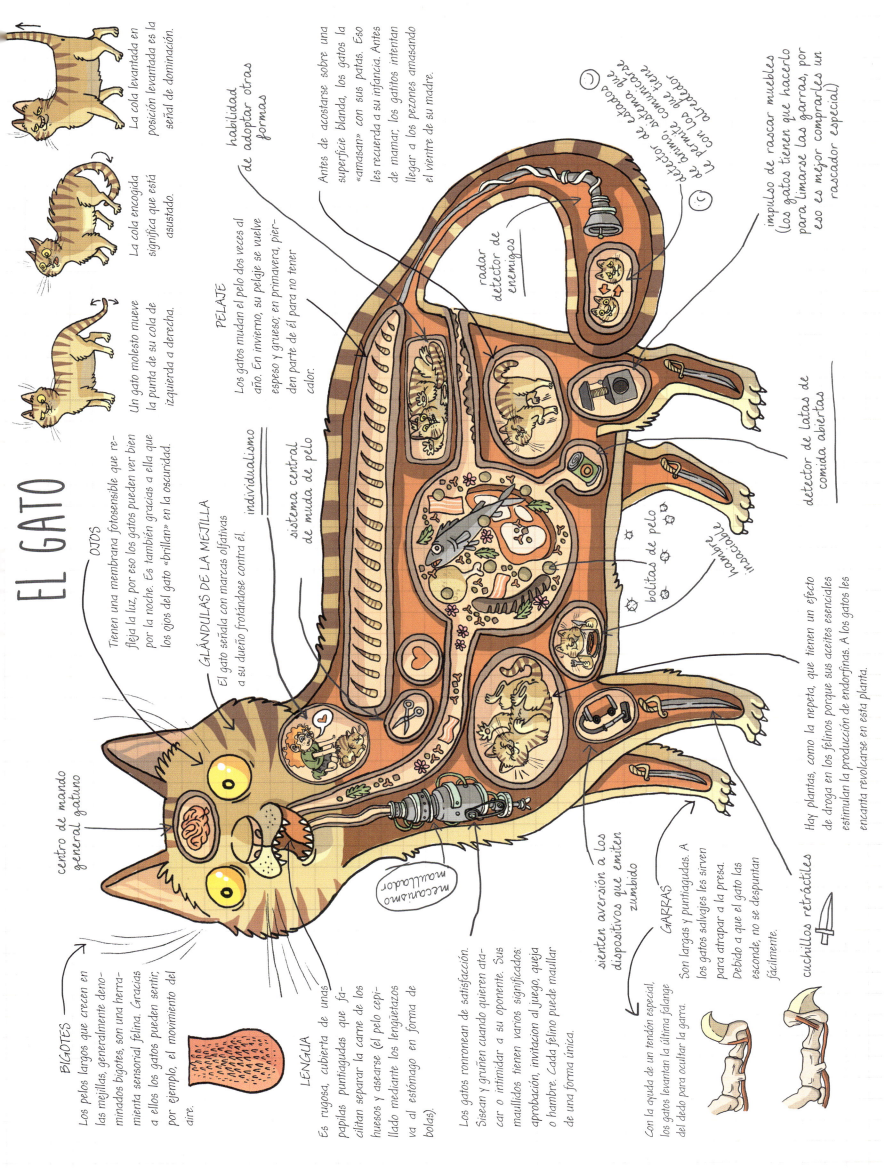

EL GATO

La cola levantada en posición levantada es la señal de dominación.

La cola encogida significa que está asustado.

Un gato molesto mueve la punta de su cola de izquierda a derecha.

BIGOTES
Los pelos largos que crecen en las mejillas, generalmente denominados bigotes, son una herramienta sensorial felina. Gracias a ellos los gatos pueden sentir, por ejemplo, el movimiento del aire.

OJOS
Tienen una membrana fotosensible que refleja la luz, por eso los gatos pueden ver bien por la noche. Es también gracias a ella que los ojos del gato «brillan» en la oscuridad.

GLÁNDULAS DE LA MEJILLA
El gato señala con marcas olfativas a su dueño frotándose contra él.

individualismo

PELAJE
Los gatos mudan el pelo dos veces al año. En invierno, su pelaje se vuelve espeso y grueso; en primavera, pierden parte de él para no tener calor.

habilidad de adoptar otras formas

Antes de acostarse sobre una superficie blanda, los gatos «amasan» con sus patas. Eso les recuerda a su infancia. Antes de mamar, los gatitos intentan llegar a los pezones amasando el vientre de su madre.

sistema central de muda de pelo

centro de mando general gatuno

LENGUA
Es rugosa, cubierta de unas papilas puntiagudas que facilitan separar la carne de los huesos y asearse (el pelo cepillado mediante los lengüetazos va al estómago en forma de bolas).

Los gatos ronronean de satisfacción. Sisean y gruñen cuando quieren atacar o intimidar a su oponente. Sus maullidos tienen varios significados: aprobación, invitación al juego, queja o hambre. Cada felino puede maullar de una forma única.

mecanismo maullador

radar detector de enemigos

¿detector de estados de ánimo, sistema que permite comunicarse con los cuidadores?

impulso de rascar muebles (los gatos tienen que hacerlo para limarse las garras, por eso es mejor comprarles un rascador especial)

detector de latas de comida abiertas

bolitas de pelo

¡¡inarreglable!!

sienten aversión a los dispositivos que emiten zumbido

GARRAS
Son largas y puntiagudas. A los gatos salvajes les sirven para atrapar a la presa. Debido a que el gato las esconde, no se despuntan fácilmente.

cuchillos retráctiles

Con la ayuda de un tendón especial, los gatos levantan la última falange del dedo para ocultar la garra.

Hay plantas, como la nepeta, que tienen un efecto de droga en los felinos porque sus aceites esenciales estimulan la producción de endorfinas. A los gatos les encanta revolcarse en esta planta.

EL ERIZO

¡Un erizo que pierde púas puede estar enfermo!

PÚAS
Son pelos modificados. El erizo tiene de 5000 a 7000 púas. Sirven para la defensa, no para transportar objetos (por ejemplo, las hojas). En los erizos jóvenes son suaves y se endurecen a medida que crecen.

PIEL
Floja y flexible, permite que los erizos puedan pasar por espacios muy estrechos.

centro del control de la forma

mecanismo que guía a los erizos hasta diferentes escondrijos

HIBERNACIÓN
Es el estado de letargo durante el invierno. Se produce cuando la temperatura baja y el día se acorta en relación con la noche. Entonces, el pulso del erizo baja a 20 latidos por minuto y su temperatura corporal a 5 grados centígrados.

duermen durante el día

OÍDO
Muy bueno. Pueden oír a las lombrices de tierra moviéndose en el suelo.

generador de sonidos extraños (los erizos molestos emiten unos característicos soplidos)

aparato de patalear

son depredadores (comen caracoles, insectos, pequeñas lagartijas, serpientes, ranas... ¡puaj!)

ajustador de afiladura de las púas

Los erizos que están tranquilos bajan las púas para no pinchar.

Los erizos asustados o molestos levantan las púas.

Los erizos enrollados en una pelota se protegen contra los enemigos (por ejemplo, zorros).

son seres solitarios

detector de pilas de hojas

mecanismo que convietre al erizo en una bola

MÚSCULOS DE LA ESPALDA
Fuertes, levantan las púas.

indiferencia a las manzanas

generador de fragancias (los erizos marcan su territorio con un olor)

TEJIDO ADIPOSO
Se acumula bajo la piel. Antes del invierno, los erizos comen más de lo que necesitan y almacenan el exceso de energía del alimento.

EL TOPO

Los topos cavan un sistema de túneles interconectados que pueden alcanzar varios cientos de metros.

Los monticulos son conductos de ventilación (se forman cuando el animal saca la tierra de los pasillos subterráneos).

El nido se encuentra en los túneles y está cubierto de hierba y musgo.

Los corredores son trampas para los animales de tierra con los que el topo se alimenta.

Los topos inmovilizan a las lombrices de tierra mordiendo sus ganglios nerviosos, y al paralizarlaslas guardan como alimento fresco en su despensa.

OÍDOS
Carecen de pabellón auditivo y la entrada del canal está cubierta con pelillos especiales para evitar que les entre tierra.

detector de lombrices de tierra

beben poco

PELOS
Crecen perpendicularmente a la superficie del cuerpo, permitiendo al topo moverse libremente hacia delante y hacia atrás en un túnel.

no hibernan

aversión al sol

La sangre de los topos continene una hemoglobina diferente a la de la mayoría de los animales, por eso pueden tolerar niveles más altos de dióxido de carbono y vivir bajo tierra.

VISTA
Es débil porque los topos viven bajo tierra y sus ojos son pequeñitos.

PATAS
Tienen forma de «palas» con fuertes garras encorvadas, sirven para remover la tierra.

PULGAR EXTRA
En realidad es un hueso sobresaliente de la muñeca.

HUESOS DEL ANTEBRAZO
Son más cortos y más gruesos que los de otros animales.

mecanismo excavador

orientación en el terreno

VIBRISAS
Pelos ubicados en la cara y la cola del topo. Sensibles a las vibraciones.

ingenio de arquitecto

comen lombrices de tierra e insectos

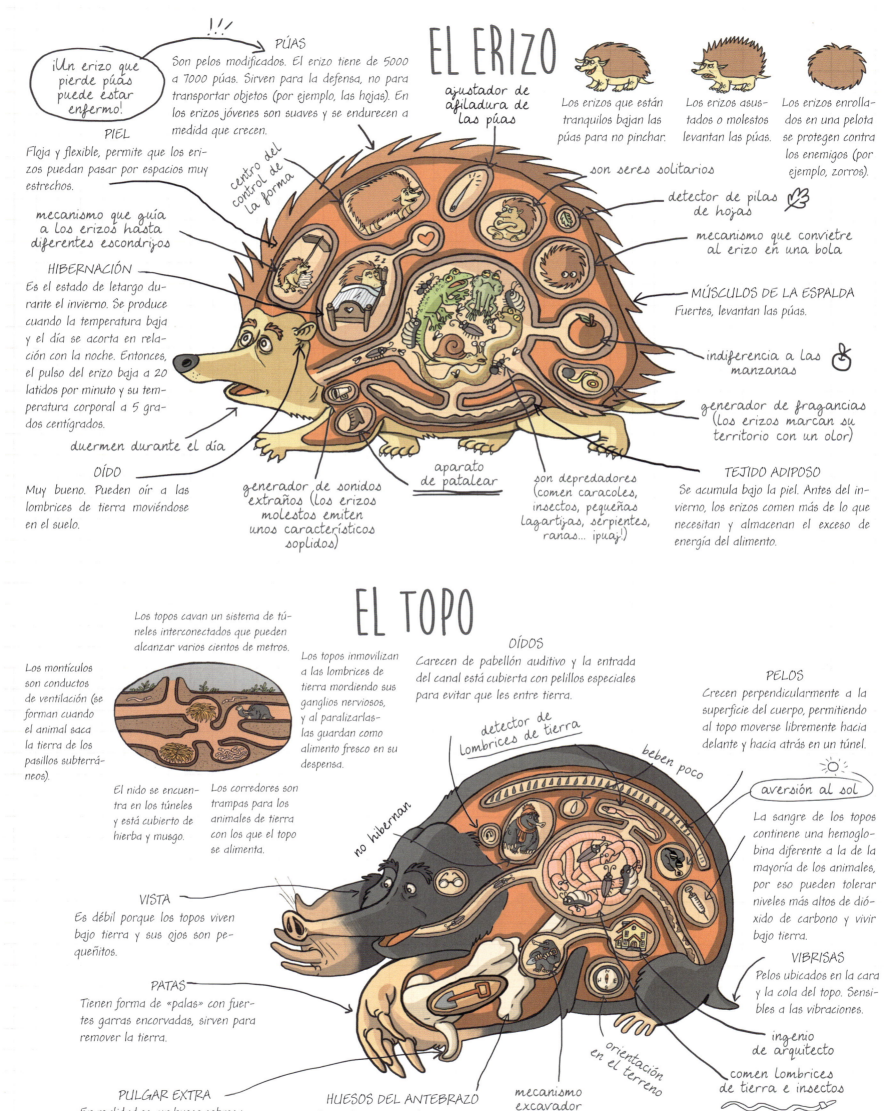

LA RANA

¿QUÉ SUCEDE ANTES DE QUE LA RANA SE CONVIERTA EN RANA? De los huevos puestos en el agua eclosionan los renacuajos, que no se parecen a las ranas adultas (carecen de patas, y tienen cola y branquias para respirar como los peces). Gradualmente desarrollan extremidades, la cola y las branquias desaparecen, se forman los pulmones y, finalmente, las ranas jóvenes pueden salir del agua.

rana adulta

huevos

renacuajos

PIEL
Contiene numerosas glándulas cuyas secreciones mucosas protegen el cuerpo de la rana de la desecación. ¡Es importante porque las ranas adultas respiran principalmente a través de la piel!

centro resbaladizo y de viscosidad

OÍDOS
Aunque las ranas carecen del pabellón auricular, tienen un oído medio, ¡así que oyen con normalidad!

po

caja de resonancia

SACOS VOCALES
Son unas membranas flexibles de la piel. Las ranas, inflándolas, emiten sus característicos sonidos.

generador de croar

¡las ranas solo pueden mover la cabeza hacia arriba y hacia abajo, nunca de un lado a otro!

Las ranas no se preocupan por sus retoños.

COLORACIÓN
Cambia en la temporada de apareamiento (por ejemplo, las ranas de páramo macho se vuelven azules).

LENGUA
Carnosa y con la punta bifurcada. Está cubierta con una secreción pegajosa procedente de las glándulas salivales, que facilita la obtención de los alimentos. Las ranas sacan la lengua muy rápido para cazar a su presa.

PATAS TRASERAS
Son más largas que las delanteras. Fuertes y habilitadas para dar saltos largos.

barriga llena de moscas y otros insectos

MEMBRANA INTERDIGITAL
Extendida entre los dedos, facilita la natación.

CROMATÓFOROS
Células especiales responsables del cambio de color.

LA ARDILLA

Un buen sentido del olfato ayuda a las ardillas a comunicarse con el entorno, a buscar comida y a distinguir a un depredador.

equilibrio y estabilizador de los saltos

PELAJE
Se vuelve más denso y oscuro en invierno. En verano, las ardillas mudan y reemplazan el pelaje por uno más ligero.

esclerosis: se olvidan de dónde escondieron sus reservas para el invierno

DIENTES
Al igual que otros roedores, los dientes de las ardillas crecen durante toda su vida y han de limarlos en alimentos duros.

síndrome de esconder comida en lugares difíciles de alcanzar (por ejemplo, 20-30 cm bajo tierra)

detector de nueces

detector de árboles idóneos para trepar

centro de aversión a las martas (que pueden ser peligrosas para las ardillas)

COLA
En los días calurosos, puede servir de sombrilla.

¡no hibernan, solo duermen durante las heladas más frías!

La longitud de la cola puede ser la misma que la longitud del cuerpo

GARRAS
Hacen que sea más fácil bajar con la cabeza hacia abajo.

barriguita llena de setas, frutas, brotes, insectos, semillas y nueces

¡naturaleza saltarina!

centro de la esponjosidad de la cola

LA CORNEJA CENICIENTA

Las cornejas ponen de 4 a 6 huevos, y los incuban durante 18-21 días.

ALAS
Se parecen a los brazos humanos, pero adaptados al vuelo. Constan solo de tres dedos. Los huesos tienen una movilidad limitada para que el ala sea lo suficientemente rígida.

centro de evaluación de la aptitud de los alimentos para el consumo

Las cornejas son omnívoras. Buscan comida en el suelo, atrapan insectos, caracoles, ratones, lagartijas, ranas, recogen huevos de los nidos de otros pájaros, frutas, restos de basura.

Su pelvis es capaz de expandirse, por eso las cornejas y otras aves pueden poner huevos grandes.

astucia

ingenio

Las cornejas son inteligentes; por ejemplo, pueden esperar en la carretera a que un coche aplaste la cáscara de una nuez que quieren comerse.

Las aves no tienen dientes. Por lo tanto, no pueden desmenuzar la comida justo al conseguirla.

HUESOS
Las cornejas, como otras aves, tienen en su mayoría los huesos huecos, con cavidades llenas de aire. Gracias a ello, su esqueleto es ligero y resistente.

generador de graznido

intentan salvar a su pareja arriesgando su propia vida

fidelidad en el amor de por vida

Algunas cornejas utilizan «herramientas» como palos para sacar las larvas de los agujeros.

PATAS TRASERAS
Fuertes y bien desarrolladas porque sirven para soportar cargas pesadas durante los aterrizajes. El pie tiene cuatro dedos, tres apuntando hacia delante y uno hacia atrás.

EL ÁNADE AZULÓN

Los patos son anseriformes. Su pico es ancho, aplanado, con unos filtros finos llamados lamellae en los bordes que filtran el agua y retienen los alimentos.

Los patos pueden bucear en busca de comida, dejando solo su rabadilla sobresaliendo del agua.

La coloración de las plumas se diferencia según el sexo de las aves: los machos tienen plumas de colores y las hembras son pardas.

buena vista

¡parpeo ruidoso!

Son aves migratorias, aunque pueden invernar en las ciudades.

Después de la eclosión, los polluelos son bastante independientes y pueden abandonar el nido. Por eso a los patos, a las gallinas y a los cisnes se les llama especies precoces.

Los patos mudan su plumaje realizando la muda simultánea, lo que significa que todas las plumas se les caen al mismo tiempo y no pueden volar.

Cada año buscan pareja nueva.

El cortejo de los patos es todo un espectáculo. Los machos nadan alrededor de las hembras haciendo varios movimientos, y la hembra elige al que más le gusta.

centro de manejo de huevos

comen una gran variedad de plantas acuáticas

La membrana interdigital que une los dedos de sus patas les facilita nadar.

GLÁNDULA UROPÍGEA
Secreta un aceite con el que los patos untan sus plumas para hacerlas impermeables al agua.

Ponen de 8 a 11 huevos y los incuban durante unos 28 días.

LA PALOMA

Las palomas tienen una «brújula» en la cabeza. Existen varias teorías sobre cómo logran siempre regresar al lugar de anidación. Los humanos utilizaban estas aves en la Edad Media para el envío del correo, y de ahí el origen de las palomas mensajeras.

Tienen una vista aguda y son extremadamente perceptivas (su ángulo de visión es de 360 grados).

BUCHE

Segrega la denominada «leche de buche», que se parece en composición a la leche y con la que ambos padres alimentan a las crías.

detector de cristales y cornisas de ventanas limpias (conectado directamente con el mecanismo de descarga de excrementos)

Las palomas se alimentan de grano y semillas.

mecanismo de descarga espontánea de excrementos

Las palomas ponen 2 huevos, y los incuban durante unos 17 días.

aparato arrullador

Las palomas tienen muy buen oído a pesar de la falta de aurícula.

Una pareja de palomas se mantiene unida de por vida.

Después de la eclosión, los polluelos son indefensos, a menudo ciegos y no abandonan el nido durante mucho tiempo, por lo que las palomas, así como las cornejas y las cigüeñas, pertenecen a las denominadas especies artriciales.

El cuerpo de todas las aves está cubierto de plumón (1) y plumas de contorno (2). El plumaje tiene la función de aislamiento térmico (plumón y plumas genéricas de contorno) o de permitir el vuelo (remeras y timoneras).

El mecanismo respiratorio de los pájaros es bastante complejo. Las inhalaciones y exhalaciones están sincronizadas con el movimiento de las alas. Las levantan al inhalar y las bajan al exhalar.

detector de comida

transformador de alimentos en excrementos

depósito de excrementos de repuesto

EL CISNE MUDO

OJOS

Están provistos de la membrana nictitante, el tercer párpado, que se mueve horizontalmente, humedece la superficie del ojo sin perturbar la visión y refracta los rayos de luz, lo que permite al cisne ver nítidamente bajo el agua.

Mudan todas las plumas simultáneamente. Durante este período los cisnes no pueden volar.

Los cisnes son herbívoros y se alimentan principalmente de plantas acuáticas.

distinción

la glándula uropígea como la del ánade azulón

PICHONES

Son grises y no se parecen a sus padres, y no es hasta el segundo año de vida cuando se vuelven blancos (de ahí el cuento del patito feo).

Una pareja se une para toda su vida.

¡agresividad al defender el nido!

pertenecen al orden de los anseriformes (igual que los ánades)

Los cisnes ponen de 5 a 9 huevos. Los incuban durante unos 35 días.

A pesar del nombre, puede emitir variedad de gruñidos, silbidos roncos y ruidos de bufido, o sisear al intruso. Tal vez esa denominación proviene de una comparación con el cisne cantor, que es más «hablador».

Son aves migratorias, capaces de recorrer hasta 1.000 kilómetros en otoño para pasar el invierno en las regiones más cálidas de Europa.

Las hormonas determinan cuándo es el momento de aparearse o de partir hacia países cálidos. Su secreción depende de la duración del día y de la noche.

El cortejo comienza al final del invierno. El macho y la hembra nadan el uno cerca de la otra, mueven o cruzan los cuellos con gracia, inclinan las cabezas hacia los lados, se hacen reverencias, hunden los picos en el agua.

Los cisnes son una especie precoz, como los ánades y las gallinas.

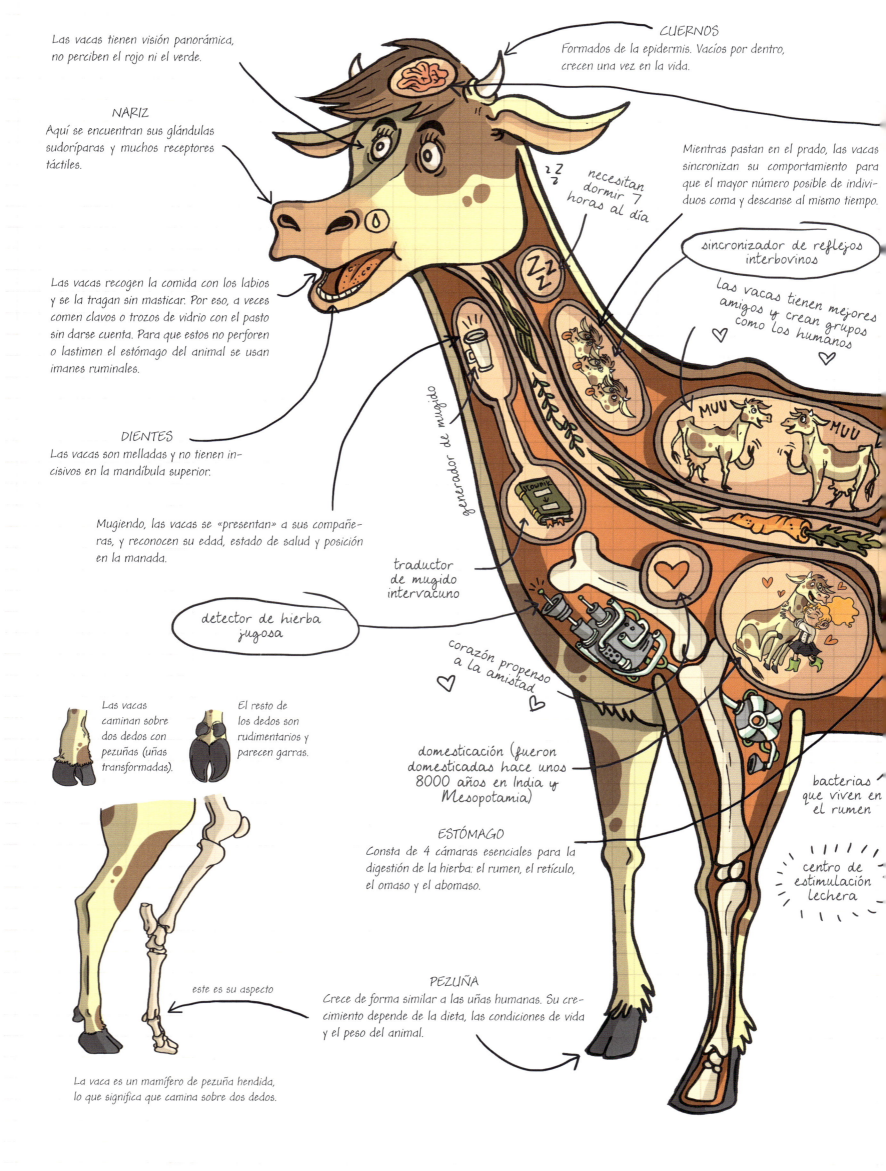

Las vacas tienen visión panorámica, no perciben el rojo ni el verde.

CUERNOS
Formados de la epidermis. Vacíos por dentro, crecen una vez en la vida.

NARIZ
Aquí se encuentran sus glándulas sudoríparas y muchos receptores táctiles.

Mientras pastan en el prado, las vacas sincronizan su comportamiento para que el mayor número posible de individuos coma y descanse al mismo tiempo.

necesitan dormir 7 horas al día

sincronizador de reflejos interbovinos

Las vacas recogen la comida con los labios y se la tragan sin masticar. Por eso, a veces comen clavos o trozos de vidrio con el pasto sin darse cuenta. Para que estos no perforen o lastimen el estómago del animal se usan imanes ruminales.

las vacas tienen mejores amigos y crean grupos como los humanos

generador de mugido

MUU

MUU

DIENTES
Las vacas son melladas y no tienen incisivos en la mandíbula superior.

Mugiendo, las vacas se «presentan» a sus compañeras, y reconocen su edad, estado de salud y posición en la manada.

traductor de mugido intervacuno

detector de hierba jugosa

corazón propenso a la amistad

Las vacas caminan sobre dos dedos con pezuñas (uñas transformadas).

El resto de los dedos son rudimentarios y parecen garras.

domesticación (fueron domesticadas hace unos 8000 años en India y Mesopotamia)

bacterias que viven en el rumen

ESTÓMAGO
Consta de 4 cámaras esenciales para la digestión de la hierba: el rumen, el retículo, el omaso y el abomaso.

centro de estimulación lechera

este es su aspecto

PEZUÑA
Crece de forma similar a las uñas humanas. Su crecimiento depende de la dieta, las condiciones de vida y el peso del animal.

La vaca es un mamífero de pezuña hendida, lo que significa que camina sobre dos dedos.

LA VACA

Las vacas pueden recordar el camino, reconocer a los miembros del rebaño, asociar sonidos con eventos específicos y, lo que es más importante para los criadores, regresar al lugar que conocen.

Son animales gregarios. Una vaca puede reconocer a unas 100 compañeras.

centro regulador del flujo de comida en estómago (porque es muy complicado... y debe ser manejado por un funcionario)

identificador de las vacas del rebaño

OMASO

ABOMASO

RETÍCULO

RUMEN

En el rumen viven bacterias, protozoos y hongos que descomponen la celulosa del pasto comido. El alimento tragado y no rumiado (1) va al rumen y allí se fermenta (2). El alimento fermentado vuelve a la boca, donde la vaca continúa masticándolo (3). El alimento masticado vuelve al rumen (4) y luego al retículo (5). Allí hay largos pliegues de mucosa que parecen las páginas de un libro (6). El alimento se escurre entre ellos y luego pasa al abomaso (7), donde tiene lugar la digestión final. A continuación, el alimento digerido ingresa en los intestinos (8 y 9) y está listo para ser evacuado (10).

A las vacas les gusta rascarse, por ejemplo, contra los árboles, pero en el establo se les coloca un cepillo rascador.

¡qué divertido!

transformador de alimentos en fertilizante

espantador de las moscas

CACA DE VACA

Los excrementos bovinos se utilizan como fertilizante natural, pero en los países pobres también se usan como combustible barato y de acceso común. ¡En los países desarrollados se obtienen biogás y electricidad tras su fermentación!

PEZONES

¡una vaca corriente produce alrededor de 200.000 vasos de leche en su vida!

UBRE

este es su aspecto

Formada por cuatro glándulas mamarias que terminan en pezones. Cada una funciona de forma independiente y puede producir leche de composición completamente diferente. Las vacas lecheras dan leche durante unos diez meses al año. Las vacas de carne tienen lactancia solo durante la crianza de los becerros.

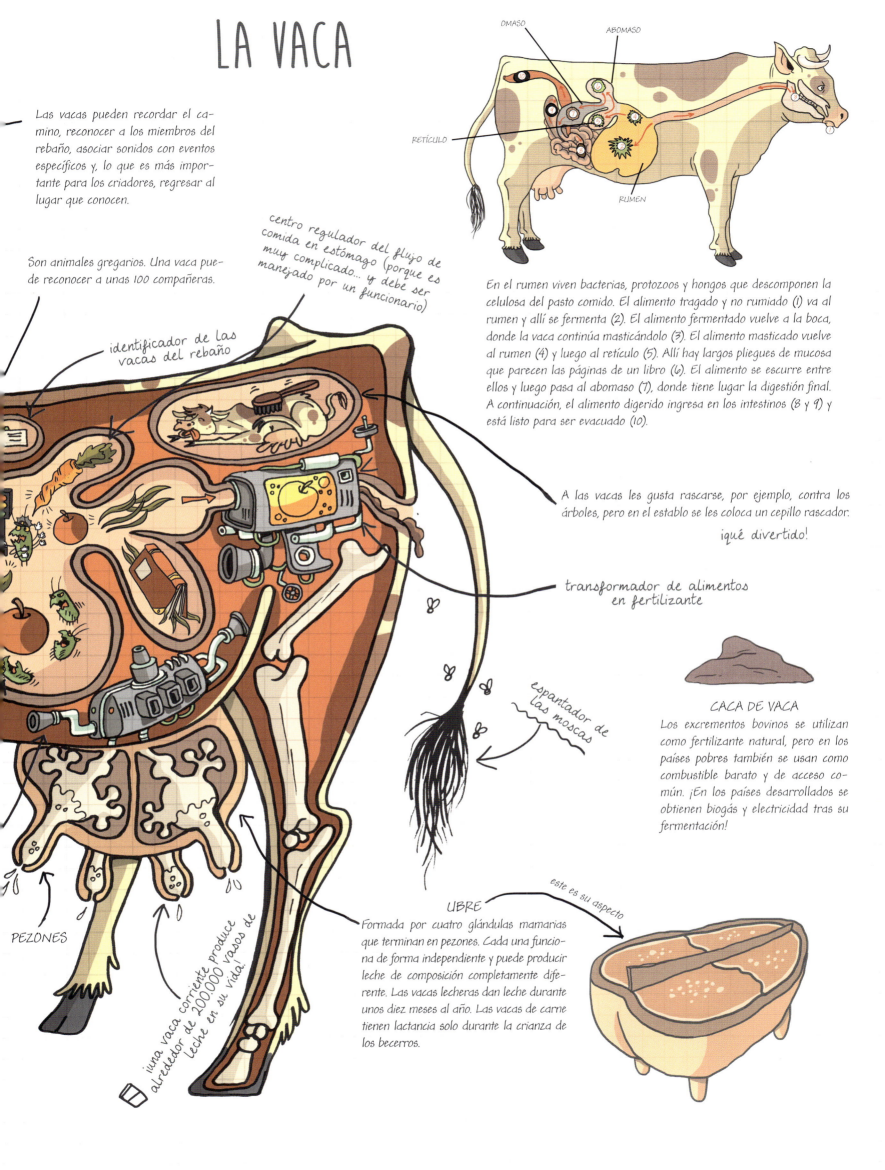

EL CERDO

Los cerdos son muy inteligentes. Los científicos comparan su inteligencia con la de un niño de tres años. Tienen muy buen sentido de orientación, buena memoria y capacidad de pensar de forma abstracta; reconocen su nombre, aprenden trucos.

OLFATO
Muy bueno, comparable al olfato de un perro. Los cerdos son utilizados para buscar trufas (los hongos más caros del mundo, que crecen bajo tierra).

HOCICO
Dispone de un disco de cartílago en la punta que permite a los cerdos hozar el suelo.

Los cerdos se comunican entre sí. Se han reconocido más de 20 sonidos diferentes.

PEZONES
La hembra tiene 14 pezones, tantos como lechones puede parir a la vez.

buen oído

detector de trufas

Los cerdos no sudan, sus glándulas sudoríparas están reducidas y «no funcionan». Por ello, para bajar la temperatura corporal, tienen que chapotear o revolcarse en el lodo.

buena orientación en el campo

Son animales omnívoros.

Son animales muy limpios. Siempre que pueden, forman su lecho lejos de la zona donde defecan.

Viven en grupo, les gusta la compañía y jugar.

oinkófono

oink-amplificador

ñic ñic ñic ñic ñic

PEZUÑAS
Es decir, las uñas transformadas. El cerdo es un mamífero de pezuña hendida, anda sobre dos dedos (el tercero y el cuarto), y los demás dedos son visibles.

LA CABRA

CUERNOS
Como los de las vacas, son producto de la epidermis. Están vacíos por dentro y crecen una vez en la vida; si se rompen, no vuelven a crecer.

Tanto las hembras como los machos tienen barba y cuernos.

OJOS
Las pupilas rectangulares le aseguran una amplia visión panorámica. La cabra rota el ojo de tal manera que la pupila está en la misma posición todo el tiempo.

La madre cabra reconoce a sus cabritos por la voz.

las cabras son curiosas, por lo que prueban diferentes alimentos. ¡Pero no son nada voraces!

centro de terquedad y resistencia

ESTÓMAGO
Al igual que el de la vaca, tiene cuatro cámaras: el rumen, el retículo, el omaso y el abomaso.

BEE

?

LECHE

Las cabras pueden trepar a los árboles para comer las hojas más suculentas. Gracias a su curiosidad innata, descubrieron los arbustos de café silvestre en Etiopía. Las cabras se alimentaban de sus frutos y así se descubrió que son comestibles.

centro de exigencia y evaluación de la calidad del pasto

generador de balidos

SENTIDOS DE GUSTO Y OLFATO
Están muy bien desarrollados, por lo que las cabras son exigentes a la hora de alimentarse. Al mismo tiempo, tienen una tolerancia muy alta a los sabores amargos, ácidos y salados.

Las cabras son artiodáctilos. Sus patas terminan en pezuñas.

Tienen una ubre con dos pezones. Producen una media de 1,5 litros de leche al día.

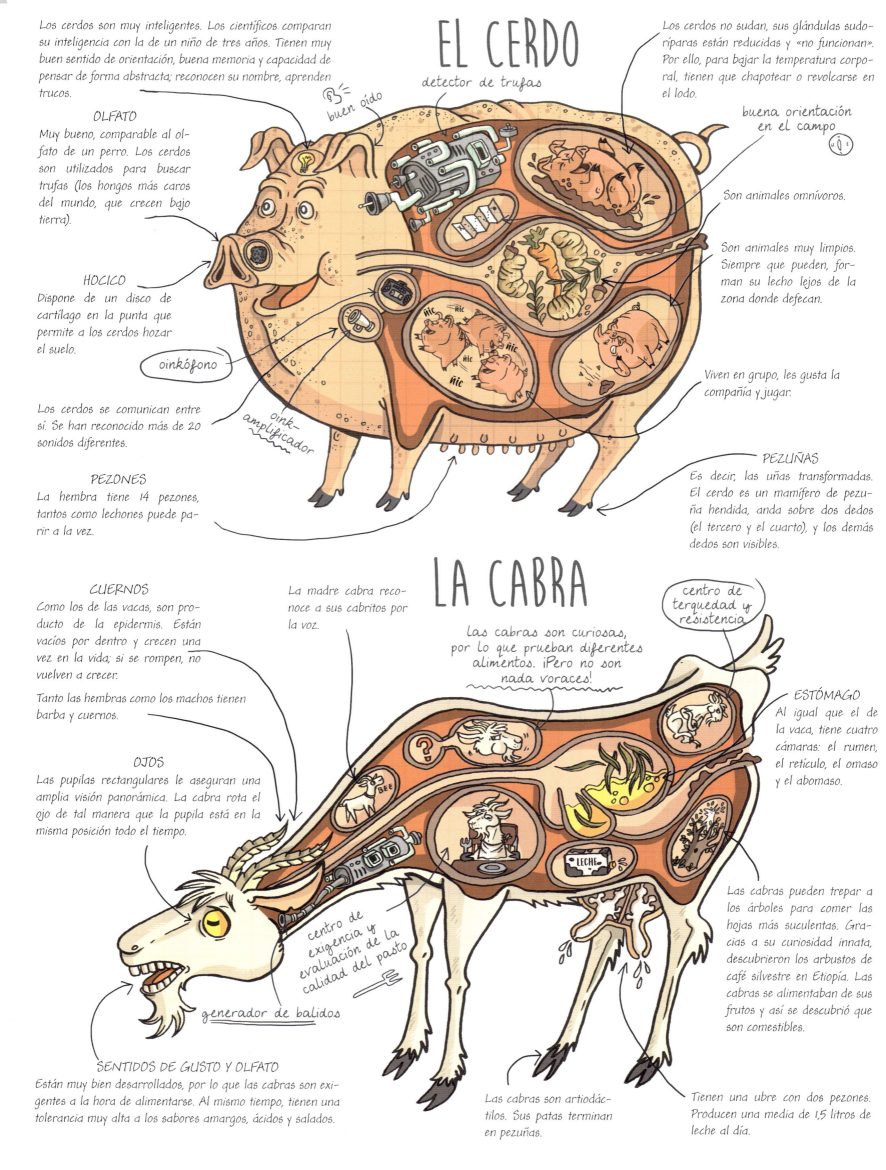

LA GALLINA

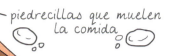

Las gallinas ven más colores que los humanos, incluida la luz ultravioleta.

¡cacareicidad!

Emiten alrededor de 24 tipos de sonidos en diferentes situaciones. Los gallos cantan, informando sobre su fuerza y salud. Durante la temporada de reproducción, la mamá gallina, la clueca, emite un ruido que se denomina cloqueo.

Las gallinas reconocen a los miembros de su manada y solo a ellos les informan sobre el alimento encontrado.

Sienten empatía. Las mamás gallinas cuidan de los pollitos.

PATAS

Fuertes, cubiertas de escamas, lo que facilita a las gallinas hurgar en el suelo en busca de comida.

CUELLO

Está compuesto por 14 vértebras flexibles que permiten a las gallinas girar la cabeza 180 grados y moverla hacia arriba y hacia abajo, así como hacia los lados.

piedrecillas que muelen la comida

detector de grano

La hembra es diferente del macho. Los gallos tienen una cresta y lóbulos que cuelgan a los lados del pico, las plumas de la cola arqueadas y espuelas en las patas.

ALAS

Son pequeñas, por lo que las gallinas no vuelan, solo pueden aletear (por ejemplo, para huir de los depredadores o para subirse a las perchas o ramas).

ESTÓMAGO

Tiene dos cámaras: el proventrículo y la molleja (fuertemente musculosa, con piedrecillas ingeridas que ayudan en el proceso de la molienda del alimento como las muelas de un molino).

Se alimentan de plantas, semillas, insectos, lombrices y otros animales pequeños.

Las gallinas ponedoras ponen huevos no fecundados (de los que no nacerán pollitos) la mayor parte del año. La gallina plusmarquista puso 371 huevos en un año.

La mayoría de las razas de gallinas ponen de 100 a 160 huevos por año.

LA CIGÜEÑA

Las aves adultas prácticamente no emiten ningún sonido, solo pueden hacer ruido con sus picos, más fuerte o más bajo, según el estado de ánimo. A veces silban. Los ejemplares jóvenes piden comida gimiendo.

Las cigüeñas ponen un máximo de 5 huevos al año. Los incuban durante unos 30 días.

PICO

Las cigüeñas jóvenes lo tienen de color negruzco, y el verano siguiente de nacer se vuelve rojo pálido con la punta negra.

A finales de agosto, cuando los días se hacen más cortos y el sol brilla con menos intensidad, las cigüeñas reciben una señal de su cuerpo (de las hormonas de la glándula pituitaria) para partir hacia una región más cálida (África subsahariana). Vuelven a Europa a principios de la primavera.

Las reuniones de cigüeñas: en agosto, se preparan para la partida y se reúnen en manadas en los prados.

pulcritud (los polluelos cuidan la limpieza y hacen sus necesidades al borde del nido)

afición a la arquitectura

BUCHE

Las cigüeñas que alimentan a los polluelos acumulan allí las presas tragadas. Cuando las crías golpean ligeramente sus picos, los padres escupen comida en el fondo del nido.

En vuelo, las cigüeñas utilizan las columnas térmicas, es decir, corrientes de aire caliente.

PATAS

Las aves jóvenes las tienen de color negro grisáceo y solo después de adoptar el plumaje adulto se vuelven rojas.

Las cigüeñas construyen grandes nidos de palos y ramas, que pesan hasta 200 kilos. Uno puede usarse hasta 100 años. Sin embargo, la cigüeña no siempre vuelve al mismo nido a lo largo de su vida.

Comen principalmente insectos, a veces ratones, ranas y reptiles.

EL CABALLO

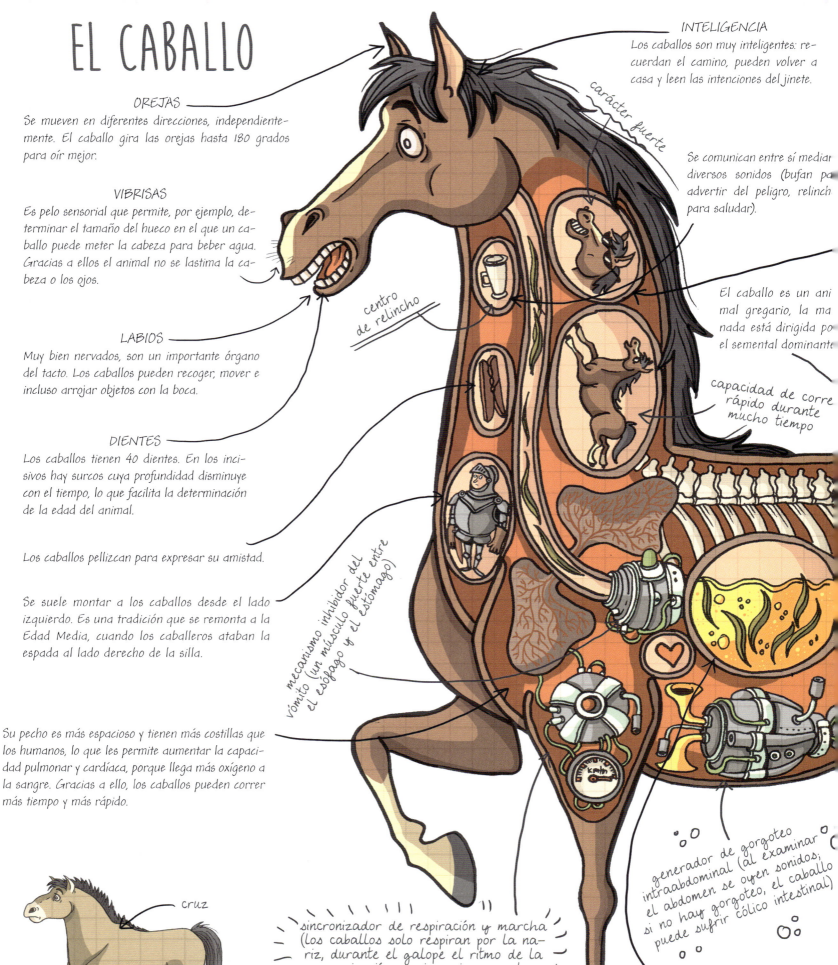

OREJAS

Se mueven en diferentes direcciones, independientemente. El caballo gira las orejas hasta 180 grados para oír mejor.

VIBRISAS

Es pelo sensorial que permite, por ejemplo, determinar el tamaño del hueco en el que un caballo puede meter la cabeza para beber agua. Gracias a ellos el animal no se lastima la cabeza o los ojos.

LABIOS

Muy bien nervados, son un importante órgano del tacto. Los caballos pueden recoger, mover e incluso arrojar objetos con la boca.

DIENTES

Los caballos tienen 40 dientes. En los incisivos hay surcos cuya profundidad disminuye con el tiempo, lo que facilita la determinación de la edad del animal.

Los caballos pellizcan para expresar su amistad.

Se suele montar a los caballos desde el lado izquierdo. Es una tradición que se remonta a la Edad Media, cuando los caballeros ataban la espada al lado derecho de la silla.

Su pecho es más espacioso y tienen más costillas que los humanos, lo que les permite aumentar la capacidad pulmonar y cardíaca, porque llega más oxígeno a la sangre. Gracias a ello, los caballos pueden correr más tiempo y más rápido.

INTELIGENCIA

Los caballos son muy inteligentes: recuerdan el camino, pueden volver a casa y leen las intenciones del jinete.

carácter fuerte

Se comunican entre sí median[te] diversos sonidos (bufan pa[ra] advertir del peligro, relinch[an] para saludar).

El caballo es un ani[mal] mal gregario, la ma[na]nada está dirigida po[r] el semental dominante.

capacidad de corre[r] rápido durante mucho tiempo

centro de relincho

mecanismo inhibidor del vómito (un músculo fuerte entre el esófago y el estómago)

generador de gorgoteo intraabdominal (al examinar el abdomen se oyen sonidos; si no hay gorgoteo, el caballo puede sufrir cólico intestinal)

sincronizador de respiración y marcha (los caballos solo respiran por la nariz, durante el galope el ritmo de la respiración se sincroniza con el ritmo de la marcha)

cruz

ESTÓMAGO

Bastante pequeño. La mejor digestión tiene lugar cuando está lleno de comida en 2/3 de su capacidad.

Los caballos viven de 20 a 30 años de promedio. El caballo más viejo fue Old Billy, que vivió en Inglaterra hasta los 62 años.

Hoy en día, el único caballo verdaderamente salvaje es el caballo de Przewalski, que vive en las estepas de Mongolia. Existen 207 razas de caballos. El más pequeño es el Falabella (70 cm de talla media) y el más grande es el Shire (175 cm a la cruz).

Paso - el aire del caballo más lento.

Trote - el aire de velocidad intermedia.

Galope normal – la marcha rápida.

Galope de cuatro tiempos.

CARÁCTER

Los caballos se comunican a través del lenguaje corporal y pueden leer las emociones de una persona por la forma en que se mueve, su comportamiento y el tono de su voz. Los animales asustados aguzan las orejas y las meten hacia abajo. Un individuo que quiere mostrarse predominante dirige su mirada hacia otro animal, pone las orejas hacia atrás, estira la cola e intenta morder. Los caballos necesitan contacto con individuos de su propia especie. Privados de él, pueden comportarse de manera poco natural: por ejemplo deambular por el box o patalear.

depósitos de sudor (los caballos sudan por todo el cuerpo, al igual que los humanos)

EMBARAZO

Dura de 328 a 345 días. Apenas unas horas después de nacer, un potro puede caminar y correr detrás de su madre. Los potros suelen nacer en primavera.

consentimiento de usar la silla de montar

Los caballos duermen y descansan de pie. Tres horas de sueño al día son suficientes para ellos

Zz z

Los caballos son muy asustadizos. Basta un sonido fuerte para que el animal asustado se encabrite y huya o comience a patear y morder. Ante una situación peligrosa, una manada de caballos forma un círculo con las cabezas hacia dentro y patea con fuerza con los cuartos traseros.

CASCO

Es una uña transformada. Debido a su alta inervación, el casco es muy sensible al tacto. Los caballos están herrados para que los cascos no se desgasten rápidamente por frotación con las superficies duras (por ejemplo el asfalto o los adoquines). Se usa también la herradura ortopédica para prevenir la deformación del casco por enfermedad. Los caballos de carreras, por otro lado, tienen herraduras de plástico.

COLOR DEL PELAJE
Pueden ser negros, alazanes, castaños y palominos.

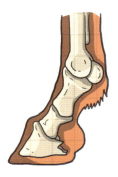

Los caballos son solípedos (igual que el rinoceronte o el tapir), es decir, caminan sobre un dedo con una pezuña.

EL ZORRO

VISIÓN
Buena, pero los zorros perciben principalmente el movimiento. Los adultos tienen ojos color ámbar y los individuos jóvenes tienen ojos azules.

OLFATO
Más débil que el de un perro.

Son inteligentes, aprenden fácilmente y se adaptan a las condiciones.

OÍDO
El sentido mejor desarrollado. Los zorros pueden oír un ratón a 100 metros de distancia. Sus oídos son grandes y móviles, y actúan como antenas parabólicas: captan los sonidos del entorno, incluso los más débiles.

Los zorros viven en grupos pero cazan solos.

Los zorros son depredadores. Comen lo que está disponible: roedores, liebres, pájaros, reptiles, frutas y carroña.

Los zorros viven en madrigueras provistas de varios huecos y túneles. A veces las cavan ellos mismos, y otras veces ocupan las casas de otros animales. Se conocen casos de un zorro y un tejón viviendo uno al lado del otro. El tejón siempre trata de mantener limpios los alrededores de su madriguera, en cambio la guarida del zorro es un desastre: deja los restos de comida esparcidos.

impulso de visitar los gallineros

COLA
Larga y de denso pelaje, mide aproximadamente 1/3 de la longitud del cuerpo del animal. Le sirve para la comunicación, ayuda a mantener el equilibrio al saltar, correr o cambiar rápidamente de dirección al moverse.

centro de manejabilidad

erizador de pelo (el sistema de control de la suavidad de pelo)

centro de bernáculos

Los zorros ladran, gimen y chillan. Además, se comunican a través de los movimientos de las orejas, de la cola y de la postura del cuerpo.

generador del desorden en la madriguera

Los zorros son buenos nadadores.

PELAJE
De color rojo o marrón rojizo (aunque también hay zorros albinos y morenos). Su pelaje es denso y esponjoso en invierno y «pelado» en verano.

Los zorros caminan de puntillas como los perros, los lobos y los gatos, a diferencia de los humanos, que andan sobre los pies, o de los caballos y las vacas, que andan sobre los cascos.

sentido de cazador solitario

Corren rápido, hasta 50 kilómetros por hora.

Los zorros marcan el territorio con su orina y el olor secretado por la glándula de debajo de la cola.

comunicador (por ejemplo, el miedo o la sumisión se señalan con la cola metida entre las piernas)

Huella (o rastro) de un zorro. Pata delantera y trasera.

EL LOBO

lobo que ataca

lobo que intimida al oponente

lobo asustado

lobo sumiso

OJOS
Tienen una película tras la retina que refleja la luz, lo que les permite ver bien con poca luz. Los lobos diferencian solamente dos colores.

OLFATO
Es muy sensible. Los lobos reconocen al menos 500.000 olores.

DIENTES
Realizan diferentes funciones: los caninos y los incisivos sirven para mantener a la víctima en su lugar, los molares pueden aplastar los huesos. Los lobos tienen también muelas carniceras.

Los lobos viven en grupos familiares con estructura jerárquica. Una manada ocupa un territorio específico. Está dirigida por una pareja dominante: el macho y la hembra alfa.

Se comunican con aullidos. Son capaces de localizar la fuente de sonido desde una distancia de hasta 3 kilómetros.

orientador en el bosque

Los lobos no sudan, pero regulan su temperatura jadeando.

Huella (o rastro) de un lobo.

DEDOS
Hay 5 dedos en las patas delanteras (el primero dirigido hacia atrás), y 4 en las patas traseras. Todos provistos de garras desafiladas. Los lobos caminan de puntillas.

GLÁNDULAS SEBÁCEAS
Están ubicadas en las plantas de las patas. Después de hacer sus necesidades, los lobos arañan el suelo, dejando un rastro de olor individual (al igual que los perros y zorros).

territorialidad

En invierno beben poco, ya que prefieren comer nieve.

impulso de cavar la tierra después de hacer las necesidades

MÚSCULOS
Son fuertes y permiten al lobo alcanzar una gran velocidad mientras persigue su presa.

resistencia y adaptación a una carrera larga

GLÁNDULAS SUDORÍPARAS
Están ubicadas en la base de las patas (al igual que en los perros).

centro de comunicación

GLÁNDULA VIOLETA
Situada en la parte superior de la cola. Con su secreción, los lobos marcan el territorio, rozándose contra un objeto.

Los lobos pueden sobrevivir sin comida hasta varias semanas.

apetito por la carne

PELAJE
elevador de pelo
Los lobos lo erizan antes de atacar o cuando tienen frío.

EL OSO

GUARIDA

No es su hogar permanente, sino un escondite de invierno. La construyen en lugares de difícil acceso, en pendientes pronunciadas o en matorrales. Los osos suelen aprovechar las depresiones naturales del terreno, huecos, cuevas o hendiduras. El mejor lugar para una guarida es aquel cuya entrada esté cubierta de nieve. En la mayoría de los casos, el oso usa su guarida solo una vez. En ocasiones, cavan una madriguera en el suelo con una entrada estrecha que se extiende hacia una gran cámara para dormir. También pueden encontrarse guaridas de superficie con el lecho revestido con hojas del pino y musgo, y cubiertas con una estructura hecha de ramas.

OLFATO

Mejor que el de los perros.

mecanismo de rugido

Los osos son depredadores, por eso tienen colmillos y garras. Pueden cazar ciervos, pero se alimentan principalmente de frutas, semillas, raíces, larvas e insectos, y de sus productos (por ejemplo, miel). Desentierran las larvas de los nidos de abejas silvestres u hormigueros, y también las buscan en troncos de árboles podridos. Los osos comerán todo lo que requiera el menor esfuerzo para conseguirlo, incluso carroña o restos de otros animales. No suelen gastar mucha energía en conseguir comida.

OÍDO

Muy bueno, sensible a los sonidos altos. Los osos pueden girar las aurículas hacia la dirección de la que proviene el ruido.

INTELIGENCIA

Los osos son inteligentes. Aprenden y utilizan la experiencia adquirida. Tienen buena memoria.

VISIÓN

Buena, parecida a la de los humanos. Los osos perciben los colores y pueden valorar correctamente la distancia hasta el objeto que ven.

Reconocen los objetos con la nariz, los labios y la lengua, todos sensibles al tacto.

impulso solitario (los machos viven en soledad y las hembras preñadas entran en invierno solas a la guarida, donde dan a luz los cachorros)

Marcan el territorio, por ejemplo raspando la corteza de los árboles o frotándose contra los troncos y dejando así su olor.

grasa almacenada para el invierno

GRASA

Los osos la acumulan en la capa subcutánea antes del invierno, cuando comen muchas cantidades del alimento. Los glotones más grandes pueden así duplicar su peso.

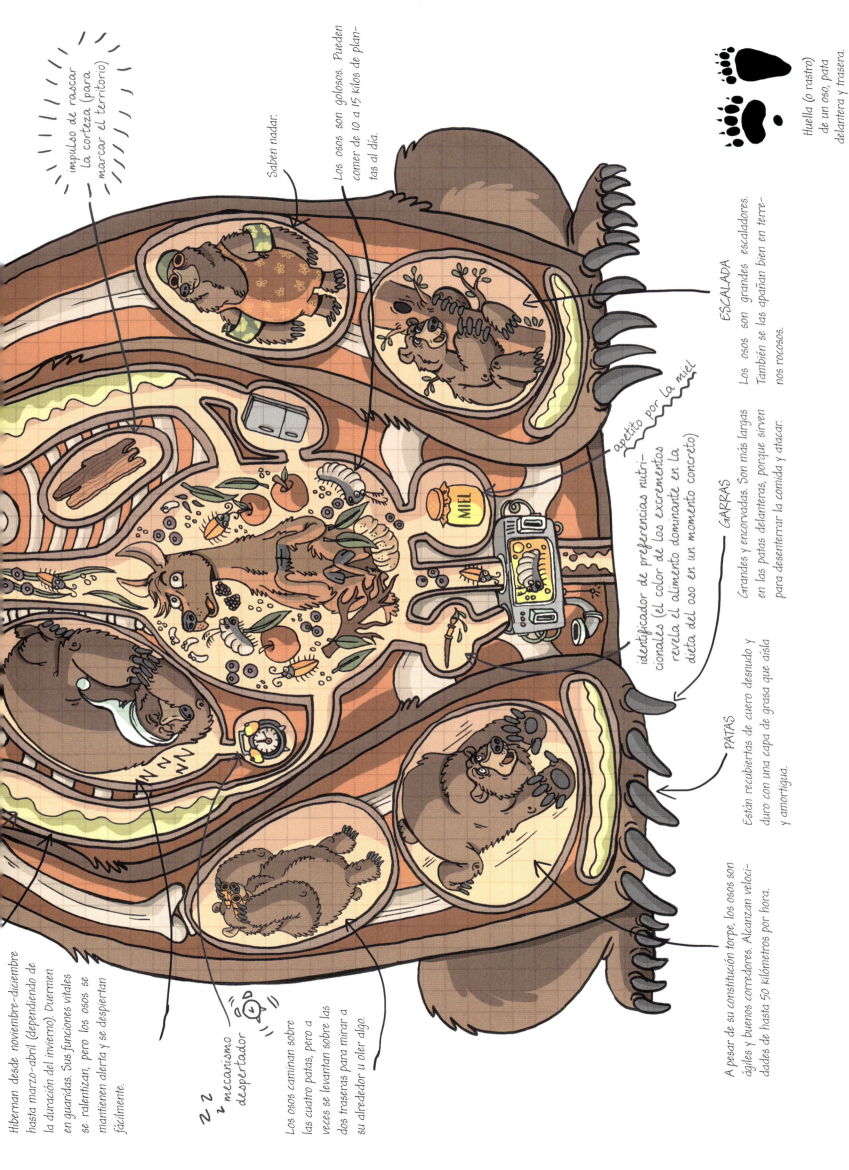

impulso de rascar la corteza (para marcar el territorio)

Saben nadar.

Los osos son golosos. Pueden comer de 10 a 15 kilos de plantas al día.

ESCALADA

Los osos son grandes escaladores. También se las apañan bien en terrenos rocosos.

apetito por la miel

identificador de preferencias nutricionales (el color de los excrementos revela el alimento dominante en la dieta del oso en un momento concreto)

GARRAS

Grandes y encorvadas. Son más largas en las patas delanteras, porque sirven para desenterrar la comida y atacar.

Hibernan desde noviembre-diciembre hasta marzo-abril (dependiendo de la duración del invierno). Duermen en guaridas. Sus funciones vitales se ralentizan, pero los osos se mantienen alerta y se despiertan fácilmente.

mecanismo despertador

Los osos caminan sobre las cuatro patas, pero a veces se levantan sobre las dos traseras para mirar a su alrededor u oler algo.

PATAS

Están recubiertas de cuero desnudo y duro con una capa de grasa que aísla y amortigua.

A pesar de su constitución torpe, los osos son ágiles y buenos corredores. Alcanzan velocidades de hasta 50 kilómetros por hora.

MIEL

Huella (o rastro) de un oso, pata delantera y trasera.

EL JABALÍ

Son fornidos, su piel está cubierta de cerdas gruesas y pelo denso.

El jabalí macho pesa hasta 300 kilogramos. En la mandíbula superior tiene dos caninos curvos llamados defensas, que salen fuera de los labios y son sus armas. El grado de desgaste de los colmillos permite determinar la edad del jabalí. La hembra se llama jabalina y pesa hasta 70 kilogramos. Su cola es más corta que la del macho y los colmillos están escondidos dentro de la boca. La especie domesticada del jabalí es el cerdo doméstico.

Los jabalíes tienen una vista débil. A causa de la posición de los ojos a los lados de la cabeza, no pueden ver nada frente a ellos.

impulso de bañarse en el barro (es refrescante en días calurosos e hidrata la piel)

son omnívoros. Comen fruta, tubérculos, nueces, insectos, lombrices, huevos y pequeños mamíferos

servicio sanitario forestal – comen carroña y pequeños animales enfermos

JETA
Es el hocico del jabalí. Muy sensible al tacto debido a numerosas terminaciones nerviosas. La parte dura facilita al animal hozar el suelo.

se limpian el pelo frotándose contra los troncos de los árboles

COLA
Es corta y termina en una borla, es decir, un mechón de pelo largo.

DIENTES
En forma y estructura se parecen a los dientes humanos, debido al tipo de alimento que comen los jabalíes.

Caminan sobre los dedos tercero y cuarto, pero la posición baja del segundo y el quinto los hace visibles en las huellas del jabalí.

Huella (o rastro) de un jabalí.

Las bellotas son el manjar de los jabalíes, pero no su alimento principal.

Los jabalíes comen muchas alimañas de árboles, evitando la propagación de enfermedades en el bosque.

JABATOS
Los lechones de jabalí también son llamados rayones por sus características rayas transversales sobre el pelo pardo. A la edad de 9 meses mudan, pasando a tener una coloración del pelaje como la de los ejemplares adultos.

LA LIEBRE

CRIAS
Las hembras dan a luz de dos a cuatro lebratos hasta 4 veces al año, entre marzo y septiembre. Las crías nacen completamente velludas y con los ojos abiertos. Son muy activas desde el nacimiento. Durante la época de alimentación, la hembra las deja escondidas en la hierba alta. Las crías carecen del olor típico de los adultos como protección adicional.

¡termómetro en los oídos!

OREJAS
Con muy buen aflujo de sangre. Le sirven también para regular su temperatura corporal porque desprenden calor.

son asustadizas... por eso antes se solía llamar liebre a una persona cobarde

afición por tomar el sol

*animal activo durante la noche

sus dientes crecen toda la vida

PELAJE
Es pardo-grisáceo, por lo que les sirve para camuflarse de sus depredadores.

COLA
Cubierta de pelo negro desde la espalda, blanco desde el vientre.

rara vez beben, prefieren lamer el rocío de las plantas

CELO
Durante la época de celo y cortejo, los machos y las hembras boxean entre sí con las patas delanteras.

territorialidad

centro de manejabilidad y cambio repentino de dirección

Las liebres corren al trote, colocando las patas traseras delante de las delanteras. Alcanzan velocidades de 70-80 kilómetros por hora.

LAS PATAS
Son de diferente longitud. Las traseras son mucho más largas que las delanteras, lo que les permite dar saltos de hasta 2,5 metros de largo.

Las liebres pueden saltar hasta 4 metros de distancia y a una altura de 2 metros.

rechazo a los humedales

animal herbívoro: come fruta, hongos, semillas, hierba, raíces, hayucos y, en invierno, corteza y ramitas.

Huella (el rastro) de la liebre.

EL CORZO

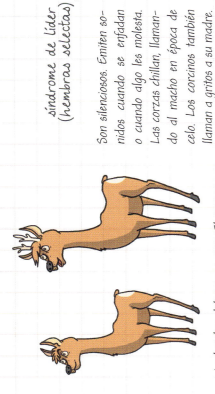

Solo los machos de ciervo tienen las cuernas. Su desarrollo está relacionado con la reproducción: comienzan a crecer en primavera, están listas para el apareamiento de verano y caen en otoño.

modificador de pelaje

ESPEJUELO
Es un pelaje blanco en la grupa del animal, ubicado debajo de una cola corta.

Los corzos mudan pelaje para el invierno. En verano su pelo es rojizo, en invierno pardo-grisáceo.

Las crías nacen siempre entre mayo y junio. Una hembra de corzo puede inhibir el desarrollo del embarazo. Si se queda preñada en verano, puede detener el desarrollo del embrión durante unos 150 días y entonces el embarazo dura 10 meses. Si queda preñada en invierno, el embarazo dura unos 5 meses. La corza da a luz de uno a tres cabritos. Los jóvenes se independizan rápidamente, pero la madre los cuida durante 12 meses.

¡velocímetro!

Los corcinos carecen de olor. La madre inicialmente se les acerca solo para amamantarlos. No los abandona, sino que los esconde de los depredadores. Las personas no debemos tocarlos porque les transmitiríamos nuestro olor y podríamos ponerlos en peligro.

ARTIODÁCTILOS
El corzo camina sobre el tercer y el cuarto dedo, que terminan en una pezuña.

Huella (o rastro) de un ciervo.

son herbívoros (comen hierba, bayas, hongos, nueces, ramitas de árboles)

impulso para morder la corteza (principal fuente de agua en invierno)

apetito por la hierba fresca

Corren y saltan rápido, a veces hasta 7 metros. Son nadadores.

apetito por los cultivos herbáceos

apetito por la col

síndrome de líder (hembras selectas)

Son silenciosos. Emiten sonidos cuando se enfadan o cuando algo les molesta. Las corzas chillan, llamando al macho en época de celo. Los corcinos también llaman a gritos a su madre.

Viven en manadas desde el otoño hasta la primavera. En verano, sus lazos sociales se aflojan. Después del alumbramiento, la madre oculta sus las crías y solo más tarde se unen al grupo, dirigidas por la hembra madura.

La hembra del corzo es una corza.

El corzo macho.

OREJAS
Son grandes, y los corzos pueden girarlas hacia el sonido. Están constantemente en alerta para percibir la amenaza. Tienen buen sentido del oído.

amortiguador de sonido

OJOS
Son grandes, redondos, con pupila horizontal, sensibles al movimiento y brillantes. En su parte inferior hay una película que refleja la luz. Por eso los ojos de los ciervos «brillan» por la noche.

Llevan un estilo de vida rutinario, comen y descansan en determinados momentos. Van a los lugares donde hay comida por los mismos caminos.

Profesiones para los amantes de los animales

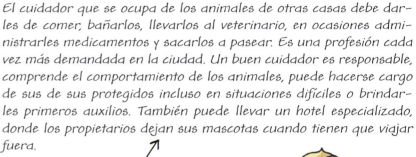

EL VETERINARIO

El veterinario examina a los animales, diagnostica y trata sus enfermedades. Algunos cuidan de nuestras mascotas, pero también hay especialistas en grandes animales, como caballos o vacas. Para ser veterinario debes completar unos largos estudios y, por supuesto, amar a los animales y comprender bien sus hábitos. De lo contrario, los pacientes te pueden morder y arañar, y los más grandes incluso darte alguna coz.

EL CUIDADOR DE ANIMALES

El cuidador que se ocupa de los animales de otras casas debe darles de comer, bañarlos, llevarlos al veterinario, en ocasiones administrarles medicamentos y sacarlos a pasear. Es una profesión cada vez más demandada en la ciudad. Un buen cuidador es responsable, comprende el comportamiento de los animales, puede hacerse cargo de sus de sus protegidos incluso en situaciones difíciles o brindarles primeros auxilios. También puede llevar un hotel especializado, donde los propietarios dejan sus mascotas cuando tienen que viajar fuera.

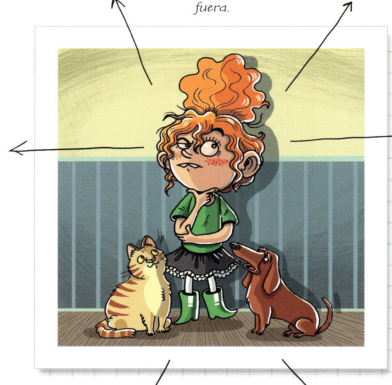

EL PELUQUERO

Un peluquero de animales corta, atusa (es decir, elimina el pelo muerto) y también cuida los dientes y las garras de las mascotas. En algunos salones de belleza canina puedes limpiarle las orejas a tu perro, bañarlo o pedir que le quiten una garrapata.

EL ZOÓLOGO

La zoología es el estudio científico de los animales: sus orígenes, costumbres, hábitats y morfología. Tiene varios campos. Puedes especializarte en tipos concretos de animales; por ejemplo, un herpetólogo sabe mucho de reptiles y anfibios, y un ornitólogo estudia las aves. Las personas interesadas en el pasado pueden estudiar paleozoología, que se centra en los animales que vivían en tiempos remotos.

EL ZOOPSICÓLOGO

Este profesional se ocupa de la relación entre los animales y los humanos y ayuda a resolver problemas con las mascotas. Puede aconsejar sobre cómo lidiar con un perro muy temeroso o que destruye objetos en casa. El zoopsicólogo también nos puede aconsejar qué tipo de mascota debemos elegir.

EL ZOOTÉCNICO

La zootecnia es la ciencia de la cría racional de animales. Cubre una multitud de temas, como el desarrollo, la nutrición adecuada y la selección del alimento adecuado. Un técnico en zootecnia puede criar animales (por ejemplo, llevar una granja de caballos o una granja de avestruces), o asesorar a otros criadores.

Personajes inspiradores

CARLOS LINNEO

Médico, botánico y naturalista sueco. Vivió en el siglo XVIII, pero usamos los resultados de su trabajo hasta hoy en día. Es a él a quien debemos la clasificación jerárquica de animales y plantas en grupos, órdenes, familias y especies. También introdujo la nomenclatura latina binominal, en la que el primer componente, escrito en mayúscula, indica el género, y el segundo, escrito con minúscula, la especie.

JANE GOODALL

Investigadora británica que ha recibido muchos premios y doctorados honoris causa por su investigación de varias décadas sobre chimpancés en el Parque Nacional Gombe en Tanzania. Le debemos el descubrimiento de que los chimpancés pueden manejar herramientas. A diferencia de otros científicos que numeraban a los monos que estudiaban, Goodall comenzó a darles nombres y a hablar sobre sus emociones. También es Mensajera de la Paz de la Organización de las Naciones Unidas y fundadora de una organización no gubernamental que se ocupa de animales que han sufrido en su vida y sensibiliza sobre cuestiones ambientales.

KEVIN RICHARDSON

Conductista sudafricano, conocido como El Encantador de Leones. Ha estado más de una vez en situaciones peligrosas al abandonar todas las normas de seguridad aplicables al trabajo con animales salvajes. Apuesta por la comprensión, el amor y la confianza. Pero no se mete en la boca de un león frente a las cámaras por la fama. Difunde el conocimiento sobre la naturaleza y el comportamiento de estos grandes felinos, y procura conseguir que en el futuro estos hermosos animales sigan reinando en la naturaleza, no detrás de las rejas de un zoológico. Pide la máxima reducción del número de individuos mantenidos en cautiverio. Como alternativa a los zoológicos, propone extensos parques abiertos donde los turistas tendrían acceso limitado.

PETER SCOTT

Seguramente te suena el panda del logotipo de la organización WWF (World Wildlife Fund), que actúa a favor del medioambiente. Fue diseñado por Peter Scott, en realidad Sir Peter Scott, pues recibió el título nobiliario por sus actividades relacionadas con la protección de la naturaleza. Contribuyó a la creación de muchas reservas, fue uno de los fundadores de WWF y creador de documentales sobre la naturaleza. También se hizo famoso como buscador del monstruo del lago Ness.

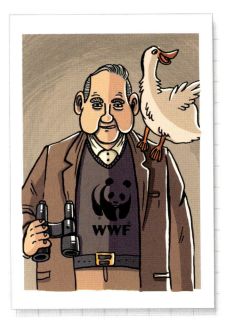

DAVID ATTENBOROUGH

Biólogo británico, divulgador de las ciencias naturales en el mundo, escritor y viajero, premiado también con un título nobiliario gracias a su actividad científica. Durante varias décadas estuvo asociado con la emisora inglesa BBC, para la que creó una serie de películas extremadamente populares sobre el mundo de los animales y de las plantas. Prestó su voz como narrador a muchos documentales. Cumplió 90 años en 2016, pero sigue viajando y trabajando.

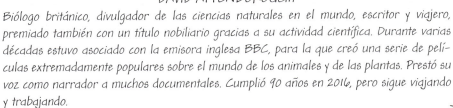

ADAM WAJRAK

Periodista polaco que escribe sobre animales y el impacto de los humanos en el medioambiente. Es un ecologista que lucha activamente por proteger la naturaleza. Autor de libros, numerosos artículos y fotografías. Vive en el Bosque Primigenio de Białowieża, invariablemente comprometido con su protección, y con sus publicaciones difunde el conocimiento sobre la belleza y la singularidad de esta reserva. En 2005, el semanario estadounidense Time le otorgó el título de Héroe de Europa por su compromiso con la protección del medioambiente. También ha recibido otros muchos premios, tanto por su actividad para la protección de la naturaleza como por divulgar el conocimiento sobre los animales.

Primera edición: octubre de 2022

Título original: Jak to działa? Zwierzęta

Texto e ilustraciones: Nikola Kucharska
Consultas e investigación de curiosidades: Katarzyna Gładysz, Paweł Łaczek
Maquetación: Endoradisseny

Esta edición ha recibido una ayuda de ©POLAND Translation Program

BOOK INSTITUTE
©POLAND

© 2017, Wydawnictwo "Nasza Księgarnia"
© 2022, Karolina Jaszecka, por la traducción
© 2022, la Galera, SAU Editorial, por esta edición
Publicado con el acuerdo de Wydawnictwo "Nasza Księgarnia", Sp. z o.o.

Dirección editorial: Pema Maymó

La Galera es un sello de Grup Enciclopèdia
Josep Pla, 95. 08019 Barcelona
www.lagaleraeditorial.com

Impreso en Tallers Gràfics Soler
Depósito legal: B-7.002-2022
ISBN: 978-84-246-7176-1
Impreso en la UE